# Índice


Ser responsable 3
Glosario fotográfico 15
Índice analítico 16
Sobre la autora 16





Rourke Educational Media
rourkeeducationalmedia.com

## ¿Puedes encontrar estas palabras?

cuerpos

dientes

promesas

responsable

# Ser responsable

Somos **responsables.**

Cuidamos nuestras cosas.

Guardamos nuestros juguetes.

Cuidamos nuestros **cuerpos.**

Nos cepillamos los **dientes.**

Nos lavamos la cara.

lavarse

Nos cuidamos el uno al otro.

Decimos la verdad.

Cumplimos nuestras **promesas.**

Somos responsables.

# ¿Encontraste estas palabras?

Cuidamos nuestros **cuerpos**.

Nos cepillamos los **dientes**.

Cumplimos nuestras **promesas**.

Somos **responsables**.

# Glosario fotográfico

**cuerpos:** las partes físicas de los seres humanos.

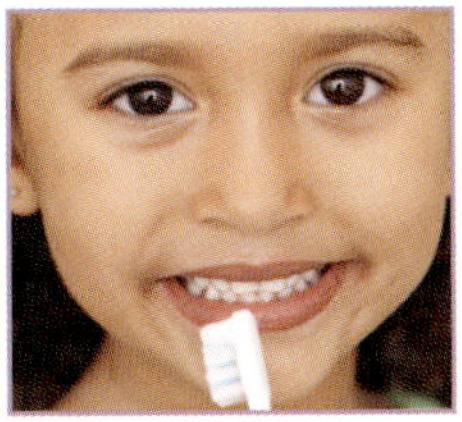

**dientes:** las partes blancas y duras de la boca que se usan para morder y masticar alimentos.

**promesas:** decir que vas a hacer algo es hacer una promesa.

**responsable:** ser capaz de que confíen en ti para hacer algo.

# Índice analítico

cuerpos: 6
dientes: 7
juguetes: 5
lavamos: 8
promesas: 12
verdad: 11

## Sobre la autora

A Terri Fields le gusta leer y escribir para niños. Cuando no está leyendo o escribiendo, le gusta caminar en la playa.



www.rourkeeducationalmedia.com

PHOTO CREDITS: Cover: ©MarkusBeck; p.2,6,14,15: ©FatCamera; p.2,12,14,15: ©Pramote2015; p.2,3,14,15: ©Rich Legg; p.2,7,14,15: ©PeopleImages; p.4-5: ©Beloborod; p.8-9: ©Pikul Noorod; p.10: ©romrodinka; p.11: ©DGLimages; p.12: ©Pramote2015; p.13: ©BraunS

Edición: Keli Sipperley
Diseño de la tapa: Kathy Walsh
Diseño interior: Rhea Magaro-Wallace
Traducción: Santiago Ochoa
Edición en español: Base Tres

**Library of Congress PCN Data**
Ser responsable / Terri Fields
(Me pregunto)
ISBN (hard cover - spanish)(alk. paper) 978-1-64156-933-0
ISBN (soft cover - spanish) 978-1-64156-957-6
ISBN (e-Book - spanish) 978-1-64156-981-1
ISBN (hard cover - english)(alk. paper) 978-1-64156-184-6
ISBN (soft cover - english) 978-1-64156-240-9
ISBN (e-Book - english) 978-1-64156-291-1
Library of Congress Control Number: 2018956006

Printed in the United States of America, North Mankato, Minnesota